THIS ITEM IS ON SPECIAL LOAN AS A SAMPLE OF WHAT IS AVAILABLE FROM MERTHYR TYDFIL PUBLIC LIBRARY SERVICE.

Whatever you need we can help – with books, audio books, free Internet access, information and much more. Even if you don't live near a branch library you can get access to the full lending collection from our mobile library service – stopping at a street near you!

It's easy to join – you only need to prove who you are.

Look at our website www.libraries.merthyr.gov.uk

MAE'R EITEM HON AR FENTHYCIAD ARBENNIG FEL SAMPL O'R HYN AR GAEL GAN WASANAETH LLYFRGELLOEDD CYHOEDDUS MERTHYR TUDFUL.

Beth bynnag ydych chi angen, fe allwn ni helpu – llyfrau ar dap, mynediad am ddim i'r Rhyngrwyd, gwybodaeth a llaw-er mwy. Os nad ydych chi'n byw wrth ynyl cangen o'r llyfrgell, fe allech chi gael mynediad at y casgliad llawn sydd ar gael I'w fenthyg trwy ein gwasanaeth llyfrgell symudol – sy'n dod I stryd gyfagos i chi!

Mae'n hawdd ymuno – does dim ond eisiau I chi brofi pwy ydych chi.

Edrychwch ar-lein ar www.libraries.merthyr.gov.uk

Lewsyn Lwcus

Y Goets Fawr

DARLUNIAU GAN
MORRIS

STORI GAN
GOSCINNY

ADDASIAD CYMRAEG GAN
DAFYDD JONES AC **ALUN CERI JONES**

DALEN
www.dalenllyfrau.com

Gwnaeth yr awdur a'r arlunydd Maurice De Bévère – neu Morris – greu cymeriad Lewsyn Lwcus yn gynta ym 1946. Mae ffordd pobol o fyw wedi newid yn eithriadol ers hynny, ac mae Lewsyn wedi newid hefyd. Un o'r pethau pwysica wnaeth e, ym 1983, oedd rhoi'r gorau i smygu. Cyhoeddwyd stori *Y Goets Fawr* yn wreiddiol cyn i Lewsyn gymryd y cam pwysig hwnnw, a sylweddoli bod smygu yn gallu niweidio'i iechyd yn ddifrifol.

www.dalenllyfrau.com

Mae *Lewsyn Lwcus – Y Goets Fawr* yn un o nifer o lyfrau straeon stribed gorau'r byd sy'n cael eu cyhoeddi gan Dalen yn Gymraeg ar gyfer darllenwyr o bob oed. I gael gwybod mwy am ein llyfrau, cliciwch ar ein gwefan
www.dalenllyfrau.com

Y GOETS FAWR

MAE'N WAWR AR Y FEIDIR FAITH I DENFER, COLORADO...

...RYDWI'N HEN GOWBOI UNIG AC YMHELL BELL IAWN O'R DRE... ♪ ♫

DYMA NI, LLAMRI LLON...

HWN YW'R SALŴN?!

WELLS FARGO & CO
SWYDDFA GANOLOG
DENFER, COLORADO

NODYN GAN EICH CYFARWYDDWR, MISTAR PRENDERWEN, AM FY NGWELD I. LEWSYN LWCUS YW'R ENW.

O, IA SYR! MAE O'N DISGWYL AMDANOCH.

MISTAR LWCUS! CYFLE O'R DIWEDD I MI DDWEUD DIOLCH...

SHWMAE! GWEDWCH, PAM YCH CHI 'DI GOFYN I FI DDOD MOR BELL?

WEL, FEL Y GWYDDOCH, WELLS FARGO YDY CWMNI CLUDIANT MWYA'R WLAD... CWMNI BANCIO... A GYDA'R GOETS FAWR BYDD TEITHWYR AC AUR YR UNDEB OLL YN CAEL EU CLUDO AR DRAWS Y TALEITHIAU...

Henry Wells

W. F. Fargo

NAWR, MAE LLADRON PEN FFORDD AR GYNNYDD. YN NATURIOL, MAE HYN YN GOSTUS PAN FYDDWN NI'N GORFOD AD-DALU'N CWSMERIAID AM UNRHYW GOLLEDION...

... OND YN WAETH NA HYNNY, MAE POBOL WEDI DECHRAU COLLI FFYDD YN Y GOETS FAWR, AC MAE ENW DA WELLS FARGO DAN Y LACH.

YN AWR, DAETH YR AWR I NI SEFYLL YN Y BWLCH!

BYDD Y GOETS FAWR YN GADAEL YFORY O DENFER I SAN FRANCISCO YN CLUDO AUR

AMHRISIADWY!

Gyrrwr : HANC BACO

Bydd cwmni Wells Fargo yn sicrhau diogelwch y daith gyda'i swyddog hebrwng **YR ENWOG LEWSYN LWCUS**

★

MAE WELLS FARGO NÔL AR Y LÔN!

UNWAITH Y BYDDWCH CHI'N CYTUNO, BYDD Y POSTERI I FYNY AR HYD A LLED Y DRE!

SSCRAC!

HA! HA! HA!

AC AR GANIAD Y CORN, DYMA HANC BACO, "CHWIP" GORAU WELLS FARGO...!

...DYNA BETH YN NI'N GALW GYRRWR Y GOETS FAWR — "CHWIP"!

BANG!

2A

HANC, GA I GYFLWYNO LEWSYN LWCUS.

HA! HA! HA! TAFELL O'R UN DORTH, LEWSYN! RWY'N LICO DYN SY'N GALLER GWERTHFAWROGI JÔC!

DYNA'R CYFLWYNIAD FFURFIOL DROSODD. NAWR, BETH AM Y POSTERI, LEWSYN LWCUS?

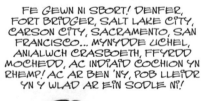

FE GEWN NI SBORT! DENFER, FORT BRIDGER, SALT LAKE CITY, CARSON CITY, SACRAMENTO, SAN FRANCISCO... MYNYDDE UCHEL, ANIALWCH CRASBOETH, FFYRDD MOCHEDD, AC INDIAID COCHION YN RHEMP! AC AR BEN 'NY, POB LLEIDR YN Y WLAD AR EIN SODLE NI!

LAN Â NHW 'TE... LAN Â'R POSTERI! IAA-HŴŴŴŴ! BANG!

'NATHOCH CHI GANU'R GLOCH, MISTAR PRENDERWEN?

I FYNY Â'R POSTERI, I ROI GWYBOD I BAWB FOD WELLS FARGO NÔL AR Y LÔN!

© MORRIS + GOSCINNY 2B

4

MI WNA I BARATOI'R CYTUNDEB, MISTAR LWCUS. BYDD Y GOETS YN GADAEL BORE FORY.

DERE 'DA FI I'R SALŴN, LEWS... NÔL AR Y LÔN GOCH!

MYN ASEN î! MAE'R POSTERI LAN YN BAROD!

MAE'N RHAID EU BO NHW'N DŴ-LAL!

MAWREDD MAWR! OS NA WNÂN NHW GYRRAEDD SAN FRANCISCO, BYDD HI WEDI CANU AR WELLS FARGO!

SMO FI'N CRETU Y GWELWN NI BYTH MO'R AUR 'NA 'TO!

DUWCS! DWI 'DI TWYLLO'N HUN ETO!!!

SGAT HAP! WYT TI WRTHI O HYD Â DY GARDIE MAIN, YN BLINGO DYNION ANWADAL?!

TAW PIAU HI, HANC! DYMA F'YMWELIAD CYNTA I EFO DENFER, A MI DWI'N GOBEITHIO FFEINDIO RHYW SYCARS I CHWARA POCAR EFO NHW!

BYDDE'N RHAID IDDYN NHW FOD YN SYCARS I WHARE CARDIE 'DA TI!

FATHA CHDITHA EFO'R DAITH 'MA I SAN FRANCISCO... DDARU MI GYNNIG PRIS O UGIAN-I-UN NA FYDDA CHDI'N CYRRAEDD PEN Y DAITH, OND DOEDD NEB AM GYMRYD Y BET!

WEDI BLINO BYW, HANC?! DUWCS! 'DI TWYLLO'N HUN ETO!

UN CASINO MAWR YW'R BYD I SGAT... MAE E'N FOI IAWN OS NAG WYT TI'N WHARE CARDIE 'DA FE!

AMSER I NI ODRO'R FUWCH GOCH!

HANC ...YM ... FYSET TI'N FODLON SETLO'R COWNT CYN GADAEL?...

SDIM LOT O FFYDD 'DA NEB FAN HYN! REIT, RWY AM EI THROI HI! WELA I TI YN Y BORE!

7

YR HEN SGAT HAP YW E! LLWYDDEST TI DDIM DIANC RHAG Y TAR A'R PLU TRO 'MA 'TE?

MI FFEINDIS I RHYWRAI I CHWARA POCAR EFO NHW, OND TOEDDAN NHW'M YN HOFFI COLLI!

OFEREDD YW POB HAPCHWARAE, FY MAB. EDIFARHEWCH...

NID TRWY FYDDA I'N

HAP A DAMWAIN MYND AR Y RÊL, FICAR!

GAFODD E DDEWIS RHWYDD... Y GROCBREN, NEU DIENGYD O 'MA AR Y GOETS FAWR Â'I BEN YN EI BLU...

DWN I'M AI DYMA'R DEWIS CYWIR, OND DWI 'RIOED 'DI BOD YN SAN FFRANCISCO. IAWN, MI GEWCH CHI 'NGOLLWNG I 'WAN, HOGIA. DIOLCH AM ROI PAS I MI...

RHOWCH FUNUD I MI DWTIO...

RWY'N GWRTHOD TEITHIO GYDA'R DYN YNA!

FENYW, SMO FI'N MYND I ADEL I'R DRE 'MA GROGI SGAT A PARDDUO'I ENW DA FE! MA' FE'N DOD 'DA NI... A MA' FE'N GWBOD SHWT I DDALA GWN 'ED!

A SAIF GYDA'I WN, A SYRTH GYDA'I WN, FY MAB.

A DYMA'R GIST AUR.

© MORRIS + GOSCINNY

MAE DYFODOL CWMNI WELLS FARGO YN TEITHIO AR Y GOETS FAWR...

WELE'R GNOC GYNTAF AR DAITH HIR A PHERYGLUS...

CNOC!

8A

ENOC, FYDDWCH CHI CYSTAL Â DWEUD WRTH Y DYN YNA I ROI FY HET YN ÔL!

YM... MAE'R GWRAGEDD YCHYDIG YN OFIDUS OHERWYDD Y CNOCIAU...

RWY'N GOBEITHO MAI DYNA'R UNIG OFID FYDD GYDA'R GWRAGEDD, WRTH YSTYRIED YR HOLL LADRON SY'N AROS AMDANON NI AR BEN FFORDD!

FICAR, FENTRA I BUM DOLER MAI ÊS Y CALONNA 'DI'R GARDAN GYNTA.

FE GYMERA I'R BET!

GWYRTH!

CYMERAI WYRTH I HYNNY BEIDIO Â BOD... A PHWY YDW I I DDISGWYL GWYRTH?

© MORRIS & GOSCINNY—

HEI, HANC, GWYLIA'R TOLCIA YN Y FFORDD! DWI NEWYDD GOLLI PUM DOLER AR Y DOLC DDWYTHA!

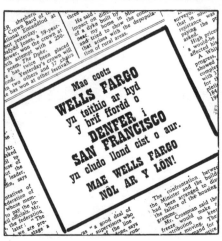

14

18

TRA BOD LEWSYN LWCUS YN RHUTHRO AR ÔL Y GOETS...

ENOOOC! GWNEWCH RHYWBETH !!!

...ISLAW, MAE DIHIRYN DIAMYNEDD YN AROS AMDANI.

WEL, RARGIAN FAWR, FEDRA I'M HYD YN OED DDIBYNNU AR WELLS FARGO I FOD AR AMSER! CYSTAL I MI YMARFER FY NHECHNEG...

RWAN 'TA... STOPIWCH! NA, RHY FFEIND. STOPIWCH!

STOP...

STOPIWCH! STOPIWCH!!!

17A

STOPIWCH!

HWP!

GOBEITHIO FOD Y BRÊC YN GWEITHIO!

CERBYDAU DIOGEL OEDD Y RHAI A WNAED GAN ABBOTT-DOWNING AR GYFER WELLS FARGO. YN NATURIOL, MAE'R BRÊC YN GWEITHIO...

IAWN, MISUS?

WEL, ONI BAI 'MOD I'N WRAIG AG URDDAS YN PERTHYN IDDI, BYDDWN YN DWEUD FY NWEUD AM DREFNIADAU'R DAITH YMA!

© MORRIS + GOSCINNY

17B

19

22

FE DDANGOSWN MAI GYDA'N DYN HYSBYS NI MAE'R GRYM

HA!

IAWN, OND O FETHU, FE GOLLWCH EICH SGALP!

LEWS, WYT TI'N GWBOD BE TI'N NEUD?

SIŴR!

MISTAR CODAG, DYMA GYFLE ARALL I CHI EIN HACHUB. TYNNWCH FFOTO OHONA I.

DWI'N OFNI...

DWI'N OFNI'N FAWR NAD YDY'R GOLAU'N DDELFRYDOL AR GYFER TYNNU FFOTOGRAFF.

DYMA'R UNIG OBAITH!

BYDD EIN DYN HYSBYS YN DWYN FY FFURF YN EI FLWCH DU, CYN EI HUDO I YMDDANGOS AR FEMRWN.

MAE EIN TYNGED YN EICH DWYLO CHI, MISTAR CODAG.

SEFWCH YN FAN 'NA I WYNEBU'R HAUL.

24 A

MORRIS + GOSCINNY

LEWSYN LWCUS...

IE?

DWEDWCH "CAWS"!

24 B

EDRYCHWCH ARNA I... DERYN BACH YN DOD! PEIDIWCH Â SYMUD... DIOLCH!

"CLIC!"

RWAN, MI FYDD ANGEN TIPI TYWYLL AR GYFER DATBLYGU'R FFILM.

FE DREFNA I HYNNY, MISTAR CODAG.

RHAID I'N DYN HYSBYS GAMU I'R TYWYLLWCH, ALLAN O OLWG LLYGAD YR HAUL, MEWN YMGOM Â'R YSBRYDION.

HÊHE!

BANT Â CHI, CODAG. AC ER MWYN DYN, CYMERWCH OFAL GYDA'R LLUN... NEU FALLE GEWCH CHI BYTH GYFLE I DYNNU UN ARALL!

25A

DUW A'I GADWO RHAG GWNEUD SMONACH OHONI!

DEG-I-UN Y GWNAIFF O BOITSH O'R FFOTO!

BET!

DRYCHWCH! WELE'R DYN!

TYDI O'M GWERTH TATAN!

TÂL DY DDYLED, DAI!

25B

27

'CO! NI JEST Â CHYRRAEDD DIWEDD CYMAL CYNTA'R DAITH - FORT BRIDGER!

AC YN Y DREFLAN HON, DIGWYDDIAD CYFFROUS YW DYFODIAD Y GOETS FAWR.

Y GOETS FAWR! MAE COETS WELLS FARGO YN DOD!

IA-HŴW!

BENDIGEDIG!

HWRE!

WELLS FARGO & Co FORT BRIDGER CANOLFAN DDOSBARTHU

FORT BRIDGER! SAIB AR HUCEN! GWESTY Â NI FORY AM SALT CARSON CITY, A SAAÂN FRAAÂN—

PEDER AWR A SALŴN! BANT LAKE CITY, SACRAMENTO CISCO!

27A

FI YW RHEOLWR SWYDDFA WELLS FARGO FAN HYN. SHWT SIWRNE GAWSOCH CHI?

GWEDDOL, WEDEN I.

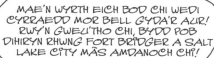

MAE'N WYRTH EICH BOD CHI WEDI CYRRAEDD MOR BELL GYDA'R AUR! RWY'N GWELI'THO CHI, BYDD POB DIHIRYN RHWNG FORT BRIDGER A SALT LAKE CITY MÂS AMDANOCH CHI!

FASE FE DDIM YN DDRWG O BETH I NI AMRYWIO'R HEWL ETO RHWNG FAN HYN A SALT LAKE CITY.

GWELL TRAFOD GYDA'R TEITHWYR. HEB ORSAFOEDD DROS NOS, FE FYDDAN NHW'N GORFOD CYSGU MÂS DAN Y SÊR.

SPLENDID PALACE HOTEL

DERE I NI HOLI NHW 'TE, DRAW YN Y GWESTY.

DYMUNA FY NGWRAIG GAEL YSTAFELL WELY Â'I BADDON EI HUN.

EWCH Â'R BATH LAN I STAFELL 12!

DINNNG!

MA'R BATH YN LLAWN AR Y FUNUD FYDDA I DDIM YN HIR!

© MORRIS & GOSCINNY

27B

NI 'DI TEITHIO'N DDIGON PELL AM HEDDI. MA'R CEFFYLE'N BLINO AR Y TIR GARW 'MA. CYSTAL I NI AROS FAN HYN DROS NOS.

SIŴR!

GAN EIN BOD NI NAWR YN TEITHIO AR DRAWS GWLAD, HYDERAF Y GWNEWCH CHI DDARPARU LLUNIAETH TEILWNG AR EIN CYFER?

WRTH GWRS, MISUS, DYW WELLS FARGO BYTH YN COLLI CYFLE!

MA' WHANT ARNO I HENO I BARATOI SWPER NA FYDDWCH CHI'N ANGHOFIO AM WEDDILL EICH DYDDIE!

BE 'DI O AM FOD?

BACWN A BÎNS!

ENOC! DWEDWCH WRTH Y DYN YNA BE DWI'N FEDDWL OHONO!

YN IAWN, F'ANWYLYD!

31 A

HEI, GAN BWYLL! CER I GYNNAU TÂN, HANC, TRA BO FI'N HELA TAMED I FYTA.

FE FFEINDIA I RWBETH I NI AR GYFER SWPER. ESTYN Y REIFFL.

OND SMO FI'N GWBOD OS YW'R CWMNI'N CANIATÁU I FI GWCAN DIM BYD HEBLAW BACWN A BÎNS...

FFOWLS AR Y GORWEL!

BANG!

STROCEN! WYTH FFOWLYN - BOBI LIN!

BETH WEDODD E? SAI'N GALLU CLYWED DIM BYD, DIOLCH IDDO FE'N SAETHU GWN RHWNG 'Y NGHLUSTIE?!

© MORRIS + GOSCINNY

31 B

33

DIAWCH, SAI'N GWELD UNRHYW FWG DYLE HANC FOD WEDI CYNNAU'R TÂN ERBYN HYN. A SDIM TÂN HEB FWG!

HMM?

AROS DI FAN HYN, LLAMRI LLON...

LLADRON PEN FFORDD?!

SAETHA'R CLO ODDI AR Y GIST, HYRBI!

Y DIAWLED! SDA CHI DDIM PARCH AT DDIM BYD!?

BANG!

HYRBI 'ACHAN! MA' ISHE I TI YMARFER ANELU'R GWN 'NA!

OND 'NETHO I DDIM BYD!

BANG! BANG! BANG!

'NA FE, TI'N GWELD?

BANG!

34

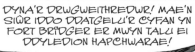

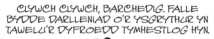

* DEDDFODD DUW YN ERBYN AMLWREICIAETH I'R MORMONIAID YM 1890.

DYNA DRECHU'R ANIALWCH! 'CO'R ORSAF NESA O'N BLAEN NI!

$4,500...
$4,600...
$4,700...

DEWCH, DEWCH, WRAIG!

CROISSANT! CROISSANT! MAE'GH'R BACOUN A'R BIENS BRAUN Â BOD YN BARDOT!

MI RWYT TI 'DI HOGI DY GARDIA I'R EITHA, SGAT. MA' NHW'N TWYLLO AR EU PENNA'U HUNAIN 'WAN!

?!?

OND ELIAS, 'RHEN GOES, WEITHIA MA' SIAWNS YN DRECH NA GÊM O GARDIA...!

38 A

AC O UN ORSAF I'R NESA, MAE'R DAITH AR DRAWS GWLAD YN MYND RHAGDDI'N GYMHAROL DDIFFWDAN...

RHWBETH SBESIAL... BACWN A BÎNS!

EICH ARIAN NEU...

BANG!

LEWSYN LWCUS! RHOWCH GYFLA I MI DYNNU LLUN Y TRO NESA!

BÎNS A BACWN!

TANIWCH FY SIGÂR, WNEWCH CHI, WRAIG?

SIAPWCH HI, BOIS, CYN BO'R BACWN A'R BÎNS YN OERI!

...A CHYN HIR, DYMA CARSON CITY!

WELLS FARGO & CO CARSON CITY CANOLFAN DDOSBARTHU

MA' HYN YN WYCH! UN CYMAL O'R DAITH AR ÔL CYN CYRRAEDD SACRAMENTO, A WEDYN FE GEWN OSGORDD WELLS FARGO'N HEBRWNG NI'N SÂFF I SAN FRANCISCO!

SIŴR, SIŴR, OND PISHYN DWETHA'R DAITH YW'R UN MWYA PERYGLUS. CRED TI FI, LEWS!

38 B

MA' BARTI DDU YN TYWYLLU'R PARTHE HYN. GLYWEST TI ERIÖD AMDANO FE?

NADDO!

DRO YN ÔL, YSGOLFEISTR MEWN TRE DDI-NOD YNG NGHALIFFORNIA OEDD BARTI DDU, YN DIODDE ARTAITH FEUNYDD AR DRUGAREDD PLANT BACH DRYGIONUS...

GAD HI, BILI, NEU FE GYMERA I'R REIFFL 'NA ODDI ARNOT TI.

2+2=4

NAGE FI SAETHODD ATOCH CHI, SYR! PAT PEN TATEN OEDD E!

CA' DY BEN! COLT SY 'DA FI, A TASEN I WEDI SAETHU AT SYR FE FYDDEN I WEDI EI FWRW FE!

BOB DYDD, GWELAI GOETS FAWR YN RHUTHRO HEIBIO'R YSGOL...

OCH, GWAE AC YNG

SYR! SYR! MA' PAT PEN TATEN YN PALLU RHOI'R BWLED NÔL I FI!

YNA, UN DIWRNOD YN YSTOD GWYLIAU'R HAF, TRODD YR YSFA I DRA-ARGLWYDDIAETHU YN DRECH NAG E. CYMERODD REIFFL UN O'R PLANT YSGOL, AC Â CHWDYN I GUDDIO'I WYNEB SAFODD O FLAEN Y GOETS AR BEN FFORDD...

ERS Y NOSON GYNTAF HONNO, FE WNAETH BARTI DDU DDWYN ODDI AR 28 COETS FAWR (FFAITH HANESYDDOL).

SNEB ERIÖD WEDI GWELD EI WYNEB E. TEITHIO AR DROED MAE E'N NEUD, WASTAD YN CARIO CÊS BACH TWT, AC MAE E'N GADEL EI ÔL Â PHENNILL NEU DDOU YN Y GIST, UNWAITH IDDI GAEL EI GWACÁU.

SDIM OFAN DYN BACH AR DROED ARNOT TI, OES E, HANC? DERE, MA' ISHE I NI DDALA LAN AR EIN CWSG!

OND GRYND, LEWS, MA' NHW'N GWEUD FALLE TAW YSBRYD YW E, WASTAD YN DIFLANNU HEB ADEL ÔL EI DROED!

YN Y BORE BACH...

OS YCH CHI ISHE MYND I SACRAMENTO A SAN FRANCISCO, JWMPWCH MEWN.

JIW JIW, DIM O'R SEREMONI ARFEROL AR GYFER CHI'CH DAU HEDDI?

SGYNNON NI FAWR O AWYDD AM GYMAL NESA'R DAITH, OND 'DAN NI'N RHY ADNABYDDUS YN Y DRE 'MA...

ELLA Y CA' I GYFLA I DYNNU LLUN YR ENWOG BARTI DDU.

JÔC 'DI HYNNA, IA, MISTAR CODAG?

34 B

CÔD DY DDWYLO, WEDES I!

BE...?

?

RHOWCH EICH DRYLL I LAWR A CHODWCH EICH DWYLO, LEWSYN LWCUS!

ARHOSWCH YN YR UNFAN, LEWSYN LWCUS, NEU BYDD RHAID I MI SAETHU'R GYRRWR. A CHI DEITHWYR... DIM SYMUDIADAU ANNISGWYL, OS GWELWCH YN DDA!

BARTI DDU, GA I GAMU ALLAN O'R GOETS I DYNNU LLUN OHONACH CHI?

Â CHROESO... OND DIM TRICIAU!

NAWR, YRRWR, FYDDECH CHI CYSTAL AG AGOR Y GIST AC ESTYN YR AUR I MI?

GWENWCH DAN EICH MWGWD!

GRESYN NAD OES AMSER I MI YSGRIFENNU PENNILL, FELLY DYMA ADRODD UN YN HYTRACH...

PAN FWYF YN HEN A PHARCHUS AG ARIAN YN FY NGHÔD A PHOB BEIRNIADAETH DROSODD...

SDIM AUR 'MA! DIAWCH ERIÔD!!!

CROESAW I SACRAMENTO YNG NGHALIFFORNIA, TALAITH YR AUR!

A GREDWCH CHI DDIM BETH MA' AER Y DALAITH WEDI NEUD I'R AUR OEDD YN Y GIST!

OND FFRINDIAU, MAE'R AUR YN DDIOGEL FAN HYN! FE'I HEBRYNGWYD YMA YR WYTHNOS DDWETHA, TRA BOD SYLW POB DIHIRYN YN Y WLAD ARNOCH CHI... FYDDE CWMNI WELLS FARGO BYTH WEDI PERYGLU'R AUR YN DDIANGEN, SIŴR IAWN!

YN Y CYFAMSER, MAE'N SIŴR I CHI GAEL SBORT AR EICH SIWRNE!

A PHERYGLU'N BYWYDE ER MWYN LLOND CIST O GERRIG?

PEIDIWCH Â CHYNHYRFU, MISTAR LWCUS. O LEIA FE WNAETHOCH CHI BROFI FOD CWMNI WELLS FARGO NÔL AR Y LÔN!

FE GEWCH CHI GWBLHAU'R DAITH GYDA'R GIST LLAWN AUR, A GOSGORDD GREF I'CH HEBRWNG I SAN FRANCISCO WRTH GWRS. OND EIN CYFRINACH FACH NI – A BARTI DDU – FYDD STORI'R GIST LLAWN CERRIG.

DRYCHWCH, LEWSYN! MAE'R LLUN YMA YN SYFRDANOL!

YN SYFRDANOL TU HWNT OS BYDD O GYMORTH I'R AWDURDODE DDOD O HYD I BARTI DDU.

DRYCHWCH FAN 'NA... MAE ENW TŶ GOLCHI AR YMYL EI GOT.

FFAITH HANESYDDOL DDIFYR, YN WIR, YDYW MAI ENW TŶ GOLCHI WNAETH DDATGELU PWY OEDD BARTI DDU YN Y PEN DRAW. ER SYNDOD MAWR I'R BYD, CAFWYD MAI GŴR ADDFWYN A DIYMHONGAR OEDD Y LLEIDR PEN FFORDD ARSWYDUS HWN, A ARFERAI OEDI'N RHEOLAIDD MEWN BWYTY A OEDD YN BOBLOGAIDD YMHLITH... DITECTIFS WELLS FARGO...

O'R DIWEDD, Y FFYRLONG OLA I SAN FRANCISCO...

YI-HAAA, CARLAM! HO, ERYR! HA, SHONI! HWP, BODA!

SSCRAC!

 **BARTI DDU** (Black Bart).
Bardd gwlad o fath oedd Black Bart —
Barti Ddu y stori. Hwn oedd y lleidr
pen ffordd a gofir yn chwedloniaeth
cwmni Wells Fargo fel y lleidr mwya diymhongar, diflino
a chwrtais i ddwyn o gist y goets fawr erioed.

Fe lofnodai pob lladrad â phennill mantach a adewai
yn weddill yn y gist wag, wedi'i gyfansoddi dan ei enw
barddol 'Black Bart the Po8'. Roedd yn ei flodau rhwng
1877 ac 1883, yn lladrata ac yn barddoni fel ei gilydd. Ar
28 achlysur gwahanol bu'r goets fawr yn destun i'r awen,
er mai tila iawn oedd ei wobr. Llwyddodd ladrata
cyfanswm o rhyw $5,000 yn unig trwy gydol ei yrfa fel
herwr.

Fe beidiodd â chanu pan y'i dedfrydwyd i chwe
mlynedd yng ngharchar San Quentin, lle treuliodd bedair
cyn cael ei ryddhau ym 1888... ac yna diflannu eto fel yr
ysbryd fu gynt yn plagio'r goets fawr. Ei enw oedd
Charles E. Boles, ac fe gofnodwyd ei farwolaeth ym
mhapurau Efrog Newydd ym 1917, yn 87 oed.

Here I lay down my sleep
To wait the coming morrow,
Perhaps success, perhaps defeat
And everlasting sorrow.
Yet come what will, I'll try it once,
My condition can't be worse;
And if there's money in that box
'Tis munney in my purse.

Black Bart the Po8
25 Gorffennaf 1878

CYHOEDDWYD YN GYNTAF YN 2007 GAN
DALEN, GLANDŴR, TRESAITH, CEREDIGION SA43 2JH

MAE DALEN YN CYDNABOD CEFNOGAETH ARIANNOL CYNGOR LLYFRAU CYMRU

ISBN 978-0-9551366-4-1

CYHOEDDWYD YN WREIDDIOL YN FFRANGEG FEL
LUCKY LUKE - LA DILIGENCE

HAWLFRAINT © Y TESTUN CYMRAEG, DALEN 2007
HAWLFRAINT © DARGAUD ÉDITEUR PARIS 1968
GAN GOSCINNY A MORRIS
© LUCKY COMICS
WWW.LUCKY-LUKE.COM

ARGRAFFWYD YN FFRAINC GAN PPO GRAPHIC